DOMINA EL PNL PARA EL ÉXITO

EL PODER DE LA INTELIGENCIA EMOCIONAL

INDICE

DOMINA EL PNL PARA EL ÉXITO

DOMINA EL PNL PARA EL ÉXITO

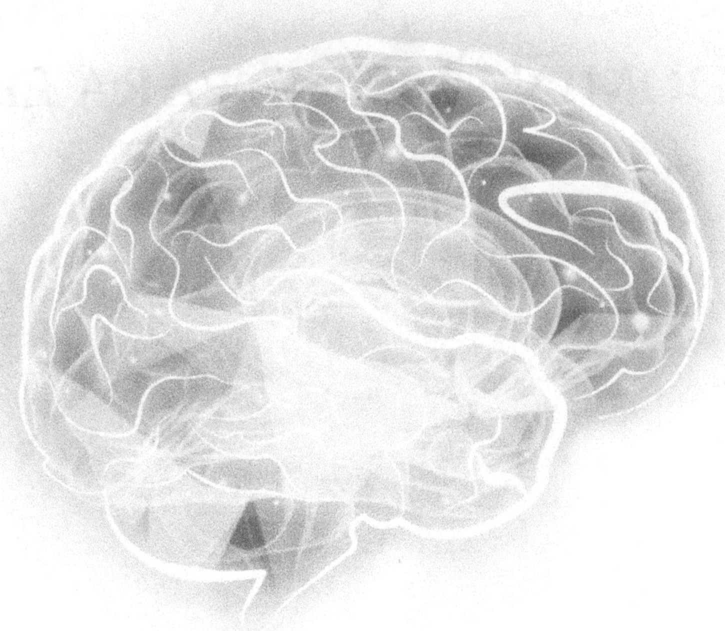

LIBRO 1

DOMINA EL PNL PARA EL ÉXITO

Capítulo 1: Introducción

¿Qué es la PNL?

La Programación Neuro-Lingüística es un libro que te proporciona la dirección y los valores y creencias apropiados que te impulsan hacia el éxito, ya sea que el éxito se mida en la prosperidad económica o simplemente en la sensación de haber hecho una diferencia.

Lo Básico

Tú tienes sueños y deseos y ciertamente tienes las herramientas para alcanzarlos. El problema es que demasiadas distracciones te impiden enfocar tus habilidades hacia el logro de metas. Muchas veces tu falta de confianza en ti mismo te frena y el comportamiento inapropiado también frena tus esfuerzos.

La técnica de PNL es el resultado de 40 años de estudio sobre las experiencias de personas que han hecho una diferencia. El estudio se centró en personas que fueron ejecutantes excepcionales, que hicieron cosas que otros no pensarían en hacer y por ello no sólo lograron realizar sus sueños sino que también tuvieron un gran impacto en los demás. La técnica hace uso de los patrones de pensamiento y comportamiento comunes entre estas personas excepcionales.

Contenido del libro

El libro está compuesto de 10 capítulos todos enfocados en una cosa: equiparte con la mentalidad correcta y prácticas de comportamiento que te lleven a lograr fácilmente lo que sea que tú quieras que tu vida sea.

El capítulo 1: Proporciona una descripción general del libro y los beneficios que obtendrá de él.

El capítulo 2: Responde a la pregunta de cómo la aplicación de la PNL transformará tu vida.

El capítulo 3: Proporciona las técnicas que te

transforman en un buen comunicador.

El capítulo 4: Proporciona las técnicas que te permiten entender mejor a otras personas.

El capítulo 5: Proporciona las técnicas que te permiten entender y aplicar el Meta-modelo de PNL.

El capítulo 6: Te proporciona las herramientas que te ayudan a adquirir la mentalidad correcta para alcanzar las metas.

El capítulo 7: Te proporciona las formas en que puedes lograr el éxito adoptando un estilo de vida de PNL.

El capítulo 8: Proporciona herramientas que te permiten reformular tus procesos mentales y tu comportamiento.

El capítulo 9: Te proporciona técnicas que te convierten en un comunicador persuasivo.

Conclusión: Proporciona las herramientas para reformular tu mente para el éxito

Lo que cambia

La PNL te enseña principios generales por los cuales puedes lograr las cosas que quieres en la vida. Estos principios, cuando se aplican de manera consistente y apropiada, resultan en un cambio de perspectivas. Tú te vuelves más seguro de tí mismo y menos molesto por las emociones; eres capaz de superar temores; tus pensamientos están más dirigidos y enfocados porque te habrías deshecho de tus creencias negativas y pensamientos repetitivos; y te conviertes en un excelente comunicador.

Gracias a la mejora de los patrones de pensamiento y a la confianza en tí mismo, eres capaz de influir en los demás con mayor facilidad. En el pasado, probablemente hubieras preferido quedarte en un segundo plano, pero con la PNL tú querras estar en el centro de las cosas, que es el lugar donde debes estar si quieres tener éxito en la vida o hacer una diferencia significativa.

Capítulo 2: Cómo la PNL puede transformar su vida

¿Cambiará tu vida con la PNL?

"Después de terminar los cursos de PNL, quedó claro que nunca me conformaría con nada, especialmente cuando significa trabajar en un trabajo que detesto. Fue mi deseo y ambición lo que hizo que los factores de decisión para mí. Ni siquiera he mirado hacia atrás después de dejar mi trabajo, pero fue sobre todo por el apoyo que recibí de mi esposa. Ahora estoy muy contento con mi trabajo y gano mucho más que antes, pero trabajando menos horas."

"Otra cosa buena de esto es que puedo caminar en grupos grandes sin sentirme tímido o ansioso y que he comenzado a enfrentar mis miedos mientras que puedo encontrar la paz, tanto interna como externa, que he estado deseando por mucho tiempo. Esta fue una pequeña nota para que todos sepan que los milagros han estado sucediendo y les agradezco por ello".

Qué pasa con su vida

La cita anterior es sólo uno de los muchos testimonios de cómo la PNL ha cambiado realmente la vida de alguien para mejor. Recibo emails como este todos los días y mi corazón estalla de emoción, pero también encuentro noticias sobre todos los Anti-PNL que hay en el mundo.

No es ningún secreto que la PNL o la programación neurolingüística se ha convertido en un tema muy controvertido. Mientras que no se puede negar la utilidad de la PNL para los negocios, la educación, el coaching y el desarrollo personal, mucha gente todavía la critica como algo sobrevalorado e inútil. Estas críticas suelen ser hechas por aquellos que no tienen ninguna experiencia en PNL. La razón por la que recibe muchos comentarios negativos es porque la Programación Neurolingüística está todavía bajo mucha investigación y debate, siendo una ciencia que todavía no ha sido completamente descubierta. Así que la pregunta es, ¿merece la pena la PNL y realmente le dará un giro a tu vida?

Debo advertirte, sin embargo, antes de que

profundices más en este tema.

Realmente no hay verdad sino sólo cómo la perciben.

Incluso yo a menudo digo estas palabras justo antes de empezar mis entrenamientos. Aquellos que apoyan los entrenamientos en PNL se darán cuenta que además de las herramientas utilizadas, la PNL también enseña la manera o la actitud que le permitirá a uno hacer un cambio y ver los resultados.

- La perspectiva de la curiosidad se enseña en PNL.

- Mantener una mente abierta se enseña en PNL.

- La flexibilidad se enseña en PNL.

Puede parecer difícil captar el pensamiento de la PNL, ya que en realidad no hay hechos que se puedan ver, pero hay modelos. Realmente depende de la persona el aceptar o no estos modelos.

Las personas que son maduras y lo suficientemente abiertas para entretener su curiosidad obtendrán los mejores resultados con las lecciones aplicadas de PNL.

"La mente, como un paracaídas, sólo funciona cuando se abre".

Dr. Krasner

No se trata realmente de dudar de la PNL o no, sino más bien de hacer PNL.

Trabajo y poner ese esfuerzo para que funcione.

Los estudiantes en PNL aprenderán a aplicar la forma de pensar que les resulte productiva. Aprenderán cómo su creencia en sí mismos resultará en un cambio. También se enseñará la importancia de la vida, la espiritualidad, la carrera, las relaciones, la aptitud física y la salud. Se trata de aprender cómo cambiar su forma de pensar automática a algo que puedan ajustar mejor a sus hábitos personales y convertir esas respuestas poco útiles en algo productivo.

Los pensamientos negativos, las limitaciones

y las emociones se alejarán, así como los obstáculos y el miedo, de los cuales se les enseñará a lidiar. con. También se enseñará la auto aceptación y el perdón de los demás, así como a ser feliz con lo que es y sobre sí mismo y a establecer sus metas futuras y cumplirlas. Algo así como hacer milagros en sus propias vidas.

Aunque todavía hay poca evidencia científica que demuestre el éxito de la PNL, pero todavía hay muchos testimonios que realmente prueban que funciona. Ese día sólo llegará cuando los científicos encuentren la manera de medir el éxito, la satisfacción y la felicidad.

Básicamente, la PNL se trata de manejar y entrenar la mente, lo cual es una habilidad muy importante en la vida, especialmente cuando se trata de la felicidad y el éxito en la vida.

Entonces, ¿la PNL tiene realmente el poder de cambiar una vida? Realmente depende de esa persona si quiere o no.

Capítulo 3: Ser un excelente comunicador con PNL

La programación neurolingüística o PNL es uno de los sistemas de psicología aplicada más poderosos que cualquier persona con un gran interés en los campos de la comunicación y la persuasión puede hacer para mejorar sus poderes de convencimiento. Saber exactamente cómo se comunican las personas te permitirá ver la verdadera matriz de la comunicación, ya sea en persona, por teléfono o por cualquier otro medio electrónico como el correo electrónico, los mensajes de texto y el chat online.

Comunicación

La compenetración se produce cuando los individuos se sincronizan en las mismas frecuencias, que entienden claramente y empatizan con lo que la otra persona está diciendo o de dónde viene. Cuando estás en este estado, la comunicación se vuelve mucho más poderosa y natural, ya que las partes confían en el otro.

El patrón estándar que emplean los practicantes de neuro-lingüística para entrar en este estado de empatía es el siguiente:

Reflejo

Se refiere a ser consciente de los gestos y

manierismos, incluyendo las palabras importantes (palabras de trance); valores personales que la otra parte está diciendo, que luego trata de retroalimentar al hablante. La gente confía en sí misma y cuanto más presente estés como reflejo de ellos mismos, más aptos serán para creerte.

Nota: reflejarse no significa ser un imitador. Tiene que ser no flagrante, casi invisible y sin embargo perceptible para la mente inconsciente de la persona.

Caminando y guiando

El ritmo significa que tu estás demostrando que tienes una apreciación de la realidad de la otra persona, lo cual puede hacer señalando cosas que son innegables en tu situación actual.

Liderar significa agarrar al otro de la mano y llevarlo a donde tú quieras que vaya.

El patrón general es el siguiente:

Pase, pase, pase y lidere. Que más tarde se convierte en Pase, Pase, Lidere, Lidere. Eventualmente se convierte en Pase, Lidere, Lidere, Lidere.

Digamos que eres un tipo que quiere conocer a esa chica hermosa que ves en el centro comercial, ¿cómo aplicamos este principio?

Hola, sé que es completamente al azar (P), y

probablemente pienses que es raro (P), ya que no nos conocemos y todo (P), ¿puedo saber tu nombre (L)?

Cuanto más te compenetres, menos declaraciones de ritmo tendrás que hacer y podrás salirte con la tuya. Un ejemplo sería: Oh, ¿así que sólo estás esperando a un amigo (P)? Qué bien! Vamos a sentarnos allí (L), cuéntame más sobre ti (L), pero envíale un mensaje a tu amiga para que sepa dónde estás (L).

Esto es sólo un ejemplo y el mismo patrón se puede aplicar ya sea para aplicaciones de negocios, para resolver conflictos familiares, para obtener una mejor oferta en un coche, etc.

Canales sensoriales VAKOG (Visual/Auditivo/Cinestésico/Olfativo/Gustativo)

Cada persona es única y se comunica predominantemente a través de cualquiera de estos canales sensoriales.

Los fotógrafos y pintores suelen ser V, los músicos A, los bailarines y actores K, los perfumistas O, y los cocineros G.

El canal preferido cambia dependiendo del tema en cuestión. Sin embargo, para añadir impacto y para que la comunicación sea claramente recibida, tiene que ser enviada principalmente al canal al que el sujeto responderá mejor.

Capítulo 4: Lea a la otra persona con movimiento ocular de PNL

Las claves de acceso ocular de la PNL o los movimientos oculares laterales representan el proceso mental interno de una persona que puede ser fácilmente observado y cuantificado (muy útil en el modelado) y puede proporcionar pistas sobre cómo piensa la persona. Al tener la agudeza sensorial para observar las señales no verbales, el sujeto se está subcomunicando; ¡casi se tiene una radiografía por así decirlo para ver a través de la mente de otras personas!

Otra aplicación para conocer las pistas de

acceso a los ojos es poder detectar el engaño. Aunque no siempre es fiable, especialmente si se trata de un mentiroso compulsivo o de alguien que realmente cree que sus mentiras son hechos, esta aplicación puede no resultar tan útil.

La mayor ventaja de usar esta tecnología es conocer los procesos internos y los sistemas de representación a los que accede una persona cuando se comunica. Saber si una persona es predominantemente visual le ayudará a convencerlo más eficazmente y a obtener una relación más profunda y rápida, ya que tú sabes exactamente cómo estás procesando la información.

El PNL Accediendo a las Localidades de Cues Por favor entienda que este es el modelo estándar para la mayoría de la población. Algunas personas están organizadas de manera diferente aunque raramente sucede. Como dice Richard Bandler, fundador de la PNL, "La gente puede estar desorganizada pero está desorganizada de manera sistemática". Así que recalibra en las ubicaciones personalizadas cuando te encuentre con estas personas.

- Vr-Recordatorio visual - Si le pide a una persona que recuerde un recuerdo visualmente, estará mirando esto a las 11 en punto.

- Vc-Creado visualmente - Pídele que cree una imagen visual que no existe en la memoria, lo que significa que tiene que ser fabricada; él mirará a su 1 en punto.

- Ar- Recordatorio de audio - Pedirle que recuerde un sonido de memoria que mirará a sus 9 en punto.

- Ac - Creación auditiva - Pedirle que fabrique sonidos que mirará a sus 3 en punto.

- Ad - Audio digital - Pidiéndole que "hable por sí mismo" mirará a sus 7 en punto.

- K- Cinestésica - Pedirle que sienta una sensación o una emoción que tu conoces a sus 4 en punto.

Movimientos Laterales del Ojo en Acción Lo que tu veas tendrá lugar a la velocidad del rayo, ya que procesan la información internamente. Al pedirle a la persona que sienta algo (a las 4 en punto) se moverá rápidamente a la posición posiblemente visual recordada a las 11 en punto, y luego se preguntará brevemente si eso es correcto a las 7 en punto, tal vez su memoria sea un poco oscura o borrosa (ajustes de sub-modalidad visual), así que hace un ajuste creando una luminosidad artificial para que vaya a la posición visualmente construida a la 1 en punto.

Mientras hablaba del perro en el horizonte, un lindo cachorro le llama la atención por un momento, así que lo mira y trata de compararlo con un perro que sabía que de niño recordaba visualmente y así sucesivamente.

Todo esto está sucediendo muy rápido, difícil

de seguir, así que practica más para acostumbrarte a prestar atención a este nivel de intercambio de datos (después de todo, tu eres un observador y un comunicador al mismo tiempo).

Capítulo 5: Entendiendo el Meta Modelo de PNL

El primer modelo que crearon los fundadores de la PNL es el modelo Metal, que surgió como resultado del modelado de los estilos de intervención en la comunicación de los exitosos psiquiatras Fritz Perls y Milton Erickson.

Este modelo permite al operador extraer y aflojar las "codificaciones de la realidad" de los sujetos. El mapa no es el territorio y a través del lenguaje la gente, sin darse cuenta, cae presa y ve la vida, limitada por los sesgos en sus percepciones.

Supresiones, distorsiones y generalizaciones La comunicación es siempre imperfecta e incompleta y sólo una pequeña parte de las experiencias se comunica realmente. Usar el meta-modelo es traer de vuelta la información que falta y así cambiar las creencias y el significado. La codificación de la realidad en nuestra mente se rige por lo siguiente.

Supresión

Eliminar dimensiones en las experiencias para desconectar lo necesario para hacer la experiencia más manejable o tangible y estas son las partes que consideramos sin importancia para ese momento.

Eliminaciones simples (sustantivos no

especificados, relaciones, adjetivos)

"Es hora de que enfrentes la realidad" Esto puede ser desafiado desafiando las violaciones. ¿Qué realidad? ¿Quién es exactamente? ¿Qué momento es ese?

Comparaciones

"¡Eres el peor conductor que he conocido!"

¿Porque se le está comparando con una entidad invisible? Tráelo de vuelta desafiándolo "¿Con qué conductores me estás comparando?"

Verbos no especificados

"¡No me obligues a llamar a la policía!"

Devuelve la eliminación retándolo "¿Cómo te estoy forzando a hacer eso exactamente?"

Índices referenciales no especificados

"¡La gente te odia!"

La eliminación fue la gente. "¿Quiénes son esas personas exactamente que dicen odiarme?"

Perforaciones perdidas

"No parece que pertenezcas a este lugar"

El que hace el juicio de valor se borra. Devuélvelo desafiando a "¿Quién cree que no pertenezco?"

Distorsión

Enredamos arbitrariamente la interpretación de la realidad distorsionando el significado o los hechos mismos.

Supuestos

"Después de que me traigas el té, por favor, trae la revista después."

Supongamos que el que se ordena va a cumplir con la petición, y que el hablante (yo) quiere té, que lo voy a beber, que no soy analfabeto y tengo tiempo para leerlo, etc. Cada una de las presunciones puede ser cuestionada.

Causa y efecto

"¡Mira lo que me hiciste hacer!"

El orador ha hecho una relación de causa y

efecto que mis acciones le han hecho hacer algo.

Desafíalo con "¿Qué hiciste exactamente y cómo me las arreglé para hacerlo?"

Lectura de la mente

"¡Sólo intentas hacerme parecer tonto!"

El orador asume que sabe lo que estamos pensando. Desafíelo preguntando específicamente cómo es capaz de leer nuestras intenciones.

Nominalizaciones

Verbos o acciones congeladas, y vueltas a cosas o eventos

"Odio su canto"

Aclarar la nominalización "descongelándola". "¿Qué partes de su canto odias? ¿La entrega? ¿La dicción? ¿Estilo? ¿Voz? "

Equivalencias complejas

"¿Por qué no estás comiendo? Odias mi cocina, ¿verdad?"

El orador pone una declaración para significar otra cosa. Tu puedes desafiar esto desenredando o cuestionando cómo no comer NO es igual a odiar su cocina.

Violaciones de la Restricción Selectiva

"Tienes la personalidad de un muñón"

Atribuir propiedades o valores a una entidad que no plantea ese modo, como un muñón es un no-viviente por lo tanto no tendrá una personalidad.

Generalización

La generalización es un atajo que la gente

tiende a hacer para categorizar las cosas y los eventos para que tengan un significado o verdades universales. Esta es una de las cosas que causa o instala creencias y personas.

Universales

"Siempre usas esa camisa"

"¡Todos los hombres son unos cerdos!"

Es fácil de desafiar haciendo agujeros en el "siempre" y citando ejemplos para que esa afirmación sea falsa.

"Su sacerdote, ¿también era promiscuo?"

Operadores Modales

Puedo y no puedo (Posibilidades), debería y no debería (Juicios), actuaria y no actuaria (Contingencias), debe y no debe (Necesidades)

"No deberías usar ese vestido"

"No puedes conducir a casa sin traerme la pizza".

"No querría que te sintieras triste."

"No debes salir con menos de 50 dólares en el bolsillo"

Impugnado señalando si la solicitud o declaración no se cumple, preguntando lo contrario.

¿Qué pasa si puede, debería, actuaría?

Capítulo 6: Anclando su camino hacia un estado mental de éxito

Los anclajes de PNL son uno de los componentes más incomprendidos y tal vez exagerados del mundo de la Programación Neuro Lingüística. La confusión radica en los estados de nivel superior o de intensidad 9 y 10, en los que la gente espera que el disparo de un ancla genere automáticamente esos mismos estados poderosos sin esfuerzo consciente, pues piensan que funciona con puro piloto automático, lo que no es el caso.

Anclaje

Las emociones y estados de menor intensidad pueden ser anclados con éxito, de modo que pueden funcionar automáticamente cuando se activa el anclaje. Esto no quiere decir que las emociones fuertes no puedan ser ancladas, de hecho pueden serlo, pero requieren asistencia y esfuerzo consciente.

Ejemplos de intensidad 9s y 10s son el éxtasis, la ansiedad, la hiperexcitación (¡como si acabaras de ganar la lotería!). Siendo realistas, sin embargo, estos requieren una tremenda energía ya que necesitan ser asistidos manualmente. Al tratar de anclar los estados fuertes, todavía puedes obtener una versión o sensación atenuada y desde allí la intensificas manualmente a través del pensamiento consciente.

Date cuenta que estos estados intensos no necesitan ser anclados a un solo lugar. Tú puedes fabricar diferentes anclas para diferentes estados y, al igual que el funcionamiento de la maquinaria, la mezcla y el disparo de estas anclas activarán estos estados especiales de diseño.

Anclas estáticas y dinámicas

Los anclajes estáticos, siguiendo la metáfora de la maquinaria, son botones que se pulsan para activar los estados deseados. Los anclajes dinámicos son como los paneles de ecualizador estéreo o las perillas de volumen - también se conocen como anclajes deslizantes. Para los estados intensos, los anclajes deslizantes se recomiendan porque se puede calibrar la intensidad, tanto más alta como más baja, para alcanzar los estados deseados.

Otro cuerpo de conocimiento llamado el DHE o Ingeniería Humana de Diseño depende en gran medida de estos anclajes dinámicos o deslizantes, pero eso es otro tema en conjunto.

Proceso de creación del anclaje

Para colocar correctamente un anclaje estático, hay que alcanzar el pico de ese estado y en su pendiente ascendente el 90% del camino hasta allí se crea el anclaje. Hazlo repetidamente con tantos canales sensoriales como sea posible de forma simultánea para crear conexiones neuronales más fuertes.

Digamos que quieres anclar el estado en el que tienes éxito, la cima del mundo, el magnate multimillonario conquista todos los sentimientos, o bien recuerdas un momento en el que te has sentido así (o simplemente imaginas y creas ese estado en el acto), justo cuando estás a punto de alcanzar el pico, presiona tu pulgar con mucha fuerza mientras vas gritando en tu cabeza "¡zavum!

Has esto mientras visualizas un símbolo o persona que es para ti el epítome del éxito, es decir, Donald Trump. Puedes reforzar el anclaje aún más empleando los canales del olfato y del gusto, digamos un perfume y un minuto cuando lo pongas.

El truco para crear anclas fuertes y duraderas es el entrenamiento repetitivo y el reentrenamiento. Una vez que hayas anclado el estado, rompe el estado inmediatamente pensando deliberadamente en algo más, como un simple cálculo matemático en tu cabeza o lo que te apetezca, y repite el proceso de anclaje.

Si decides ir por la ruta del anclaje dinámico o deslizante, puedes elegir cualquier lugar, por ejemplo tu parte izquierdo, entrar en el estado deseado y programarlo para que se intensifique cuando lo levantes y disminuya las sensaciones cuando lo empujes hacia abajo.

A diferencia de los anclajes estáticos, que son simples botones de encendido y apagado, se trata de dispositivos analógicos como interruptores de luces tenues o perillas de volumen donde se programa en la intensidad y debilidad de los estados. Las anclas deslizantes son mejores que las estáticas para las sensaciones de mayor intensidad.

Capítulo 7: Alcanzar el éxito a través del modelado de PNL

El cuerpo de conocimiento que es la PNL surgió al modelar personas exitosas en sus respectivos campos. Las herramientas descubiertas en el modelado de estos expertos se han convertido en las herramientas mismas para expandir los complicados procesos de modelado.

Éxito

Lo que separa a los fundadores Richard Bandler y John Grinder de los investigadores típicos es que ellos identificaron las estructuras y procesos internos (la mayoría inconscientes a los modelos mismos) en oposición a las habilidades técnicas (otros investigadores se enfocan), para llegar a la salsa especial por así decirlo, que hace a estas personas ejemplares.

El problema inherente de estos expertos es que atribuyen erróneamente su éxito a sus habilidades externas en vez de a sus metodologías internas. El objetivo del modelaje es identificar estas estructuras invisibles, analizarlas y crear un modelo que pueda ser enseñado y replicado.

Para poder practicar con éxito, y mucho menos sobresalir en una disciplina, uno debe poseer los entrenamientos y experiencias necesarias. La limitación del modelaje es que no se puede enseñar a un lego a convertirse en un Ace (piloto de caza de alto nivel) simplemente transfiriendo los procesos internos del modelo, excepto si el sujeto tiene la competencia básica para ser razonablemente bueno (pero no excepcional) como Piloto de Jet.

Por el contrario, las estructuras que tu eres capaz de extraer de un buen modelo pueden ser transferidas a otra persona no necesariamente en el mismo campo.

El modelado de un Piloto de Jet, puede traducirse bien a un piloto de carreras, un policía incluso a un jugador de baloncesto, dependiendo de qué conjunto de rasgos fueron modelados.

Las 3 fases de la observación del modelado

Esto implica una aguda observación del modelo y la agudeza sensorial para observar el proceso interno que ocurre en el sujeto. Aquí es donde otras herramientas de PNL son cruciales!

La culminación de todas las técnicas conocidas de PNL para diseccionar y descomponer con precisión las diversas partes, metaconocimientos y procesos, valores personales, autoconceptos, creencias, capacidades, conductores, etc. Es un proceso interactivo en el que es necesario obtener información precisa para extraer todos los datos útiles posibles.

Factores clave de éxito del modelo (La salsa

especial) Hay sólo unos pocos componentes que hacen que los mejores actores se desempeñen de la manera en que lo hacen, el desafío es determinar cuáles de esos factores realmente contribuyen al genio del modelo.

Por ejemplo, si un médico (el modelo) se desempeña excepcionalmente bien y resulta ser tanto un médico de combate como un excepcional en matemáticas y tiene un título en Ingeniería.

¿Es el coeficiente intelectual del modelo en matemáticas lo que le permite atacar el problema médico con facilidad, o fue debido a su experiencia en el campo de batalla como médico de combate lo que le da la mentalidad de "sobrevivir a toda costa", racionalizó los protocolos de tratamiento personalizados que necesitaba para salvar vidas en la zona de guerra? O posiblemente, no es ninguna de las dos cosas. Tal vez sea la intuición del médico que le permite una mayor comprensión sobre los médicos normales lo que le permite tratar a los pacientes de forma más expeditiva con una menor mortalidad. Todos estos datos se recogerían, analizarían y filtrarían para el ruido y luego se probarían para obtener resultados.

Metodología en la transferencia del modelo

Una vez recogidos los datos, incluyendo la secuenciación de los procesos internos del modelo, el modelo creado tendría que ser transferible y enseñable.

No se espera que funcione exactamente tan

bien como el modelo sujeto debido a las variaciones no contabilizadas, la personalidad y la singularidad situacional, etc.; sin embargo, una cantidad considerable de los procesos y resultados únicos del modelo sujeto deben ser transferibles y replicables, para determinar si el modelo es un éxito.

Capítulo 8: Técnicas eficaces de reencuadre de PNL

Los Marcos de Programación Neuro-Lingüística son posiblemente uno de los conceptos más importantes, si no la idea más importante en el cuerpo de conocimiento llamado PNL. Hay un viejo adagio que se le enseña a todo practicante de PNL: "El mapa no es el territorio". Esto significa que nuestra percepción de la realidad no es la realidad misma!

Todo lo que experimentamos en la vida es subjetivo, siempre hay significados adjuntos a ellos de los que la gente no es consciente.

La gente vive y se adhiere a la Matriz, como si el mapa fuera real, sin darse cuenta de que están viendo la realidad a través de interpretaciones o marcos. En pocas palabras, los marcos son lo que da sentido y contexto a los acontecimientos y eventos de la vida. Tener la habilidad de reconocer y salir del marco, y verlo como lo que es, es lo suficientemente poderoso! Afloja el control de la falsa realidad.

Sin marcos, los seres humanos sólo vivirán en el presente y experimentarán la vida, como los animales, sin nociones preconcebidas de pasado y futuro, relaciones y significado. Todo se convierte en un evento aislado, desconectado de todo. Los marcos son una necesidad de la existencia. Y quien sabe controlarlo conscientemente, puede controlar la percepción de los demás de lo que consideran que es la realidad!

Quien controla el marco controla el juego Supongamos que no podemos controlar los eventos que se desarrollan en una situación dada. Habiendo limitado a ningún control del evento, ¡podemos sin embargo todavía afectar la experiencia del mismo! Cambiar el significado es cambiar la realidad misma. La fibra misma de la realidad percibida!

Puedes reformular cualquier parte de la experiencia y la construcción mental de un individuo, ya sea tus creencias, identidad o autoconcepto, valores personales, acciones, capacidades, etc.

Hay un número infinito de marcos que puedes diseñar a medida (para los patrones establecidos de PNL por favor vea Patrones de Líneas de Mente o Juego de Boca), pero para simplificar es útil enunciar el problema para reenmarcar el trabajo como X es igual a Y (equivalencia compleja) o X causa Y (Causa y Efecto).

Digamos que el enunciado del problema es "Soy estúpido(x), por eso no puedo ser promovido (y)" Puedes mirarlo de una manera de Causa y Efecto o Equivalencia Compleja y reenmarcarlo en consecuencia.

"Mi estupidez es la causa de que no me asciendan."

No ser promovido es sinónimo de mi estupidez.

Ahora que vemos el problema con claridad, podemos trabajar en cambiar el significado. Puedes cambiar X o Y o ambos!

Juguemos primero con X (estúpido): ¡Estoy sobrecalificado(x) por eso no puedo ser promovido!

No estoy realmente destinado a esta ocupación(x) ¡por eso no puedo ser promovido!

Juguemos con Y (no puedo ser promovido): Soy estúpido, por eso me quedo con este trabajo sin futuro.

Soy estúpido, por eso no estoy maximizando mi verdadero potencial y buscando un trabajo donde mis talentos sean utilizados (y).

En la práctica no queremos usar ninguna descripción de identidad negativa como "mi estupidez", así que tendríamos que reformular eso y el resultado.

Estoy sobrecualificada y subutilizada(x), por lo que este trabajo no es realmente una buena combinación con mis talentos, por lo que no puedo ser promovida (y).

El marco anterior anula cualquier negatividad y los golpes de autoestima en el tema, por lo que ahora te sientes más capacitado o tienes más confianza, con sólo cambiar tanto las X como las Y.

Además, también puedes reformular el mundo mismo sin tocar las X y las Y.

¿Poner a ese empleado inseguro en un mundo en el que hay una depresión y no hay oportunidades de trabajo disponibles? ¡Cambiará instantáneamente su significado!

"Soy estúpido, por eso no puedo ser promovido" - en un mundo donde el 70% de la población está sin trabajo.

Capítulo 9: El Poder de las Técnicas de Persuasión de PNL

La persuasión es muy importante para cualquier área, ya sea para negocios, marketing, redacción, ventas e incluso para la seducción. Simplemente no puedes permitirte no aprender cómo funciona realmente la mente basándose en los paradigmas de la PNL.

Con todas las herramientas a tu disposición, tienes la tecnología de persuasión bien hecha, elegante y sofisticada que el dinero puede comprar. De hecho, muchos gurús de la persuasión que promocionan sus propios sistemas han tenido al menos un entrenamiento básico en PNL.

¿Conoces la plétora de dispositivos disponibles que pueden dar en el mecanismo interno de los sujetos? Es casi una trampa! Un conocido gurú de la persuasión cree que "el tiempo es la única consideración para un verdadero persuasor". Estos dispositivos de persuasión son de gran alcance y efectivos.

La PNL como enmarcador y modificador de la realidad te permite controlar los marcos, o los significados de cualquier evento y situación que ocurra en la vida real. Quien controla el marco controla el juego y no hay otra herramienta capaz de manipular estos marcos implícitos y explícitos que existen en esa interacción o en el producto o servicio que se ofrece.

La PNL como una máquina de rayos X de sus mentes La profunda percepción que un practicante obtiene aprendiendo a observar y dar sentido a los niveles de comunicación, ya sea verbal o no verbal, permite al operador de PNL ver virtualmente cómo el sujeto y su programación mental están procesando el mundo y la interacción.

Las habilidades de PNL, por sí solas, sin esfuerzo consciente para usarlas para leer a un individuo, simplemente tienen naturalmente un agudo sentido de intuición de cómo se está sintiendo la persona o qué podría estar pensando y hacia dónde está tratando de ir.

PNL Profunda Relación y Generador de Confianza

Una tecnología inherente al sistema permite que el persuasor traiga empatía de manera rápida y fácil a través del ritmo y el liderazgo. Un operador competente puede demostrar fácilmente la comprensión de la realidad, es capaz de agarrar fácilmente al sujeto de la mano con una mínima resistencia y llevarlo a un lugar al que quiere que vaya.

La PNL usada en el jujitsu verbal

Un gran beneficio de estar involucrado en este material es su facilidad para maniobrar conversaciones con una eficacia ejemplar. Richard Bandler llama a esto el estado de insultabilidad, en el que tu tienes la habilidad de entrar y salir de cualquier obstáculo verbal y dominar todas y cada una de las veces. Puedes incluso convertirte en un buen orador y por lo tanto en un poderoso o efectivo persuasor.

PNL en la excelencia del modelado

El propósito más básico, quizás aún más elevado, de esta disciplina es ser capaz de capturar la excelencia dondequiera que sea. Destilar todos esos datos para llegar a un modelo de trabajo que pueda ser replicado y enseñado a otros individuos que quieran alcanzar casi los mismos niveles de rendimiento del sujeto modelado.

Instalador de PNL como idea, sentimientos e imágenes. Este sistema te permite, con o sin la cooperación de los prospectos, instalar prácticamente cualquier cosa en sus cabezas. Ya sean imágenes, sonidos, sensaciones, emociones e incluso borrar cualquier influencia negativa en la mente del prospecto que dificulte la persuasión de ir a su favor. Aunque pueda sonar frío y poco ético. La tecnología es moralmente neutral y es la prerrogativa del practicante cómo quiere utilizarlo a su gusto.

Conclusión: Reestructurando su mente hacia el éxito

Según el gurú de la autoayuda y los negocios T. Harv Eker en su libro best seller The Millionaire Mind (La mente del millonario), "la forma en que estás programado determina tu eventual éxito o fracaso en la vida".

Además, afirma que puedes predecir si una persona tendrá éxito basándose en una breve entrevista con dicha persona. Tal es el poder de tener la mentalidad correcta!

Aprender o dominar las herramientas del oficio (hows) sólo puede llevarte tan lejos, que eventualmente tu juego interior tiene que ser pulido para maximizar tu potencial y evitar los fracasos.

Aparte de los factores de éxito, la gente ha acumulado a través de malos hábitos, negatividad en la educación social y familiar o mentalidades poco útiles que dificultan incluso el sabotaje del éxito. A través de la manipulación consciente de estas fuerzas internas, una persona puede programar su mente para el éxito.

La mayoría de los hechos, pero no todos, pueden ser reformulados para que tengan algún significado, y la capacidad de alterar el significado es lo que da poder y crea creencias positivas!

Las creencias están en la parte superior de los niveles lógicos que rigen la identidad, las capacidades y los comportamientos. Lo que tú crees se convierte en tu realidad, y el replanteamiento permite que esto sea posible.

Sugerencias sobre posibles áreas para reencuadrar los temores

Todo el mundo tiene ambos: consciente e inconsciente. Debemos trabajar en todos estos miedos y eliminarlos uno por uno. Muchos de los miedos están ocultos en el inconsciente y pueden necesitar ser eliminados para poder ser abordados directamente.

Miedos al fracaso, miedos al éxito, miedos a

asumir un gran proyecto, miedos a ir por lo que realmente quieren y muchos otros.

Sentido de Merecer

Al principio, si les preguntas qué es lo que desean, la mayoría dirá que quieren tener éxito en cualquier empresa en la que se encuentren actualmente. Mira más profundamente y pregúntales si sienten que merecen el éxito. Algunos dirán que sí, otros se negarán y, con razones por las que esas metas son imposibles de alcanzar, sabiendo muy bien que tienen las habilidades y experiencias necesarias para hacerlo realidad.

En el fondo no sienten realmente que merecen tener éxito y cada factor individual debe ser tratado en consecuencia.

Autoimagen Negativa

Crecer las influencias en la vida de una persona esculpe su autoimagen. Si esa persona viene de un hogar abusivo, puede creer que está destinada a fracasar, que nada de lo que haga será lo suficientemente bueno. Incluso podría ser paranoico y tener problemas de confianza con las personas en su vida.

Perspectiva de la vida

Mientras que quizás muchos son optimistas y entusiastas con la vida, aceptando completamente lo bueno con lo malo, todavía los pocos desafortunados creen que el mundo está fuera de su alcance. El universo está conspirando para hacerlos sufrir de todas las maneras imaginables! ¿Está el vaso medio lleno o medio vacío?

Al reenmarcar la perspectiva negativa en la positiva, el universo, como puedes empezar a notar, empieza a conspirar en tu nombre. El principio de sincronicidad, el parecido atrae al parecido, atraes lo que eres, es el principio que rige esto.

Percepción de los Obstáculos y Desafíos

Los pocos privilegiados que están naturalmente programados para el éxito piensan positivamente o naturalmente enmarcan estos llamados problemas como desafíos del juego para triunfar, (como en una metáfora de videojuego). Ellos realmente disfrutan desafiando sus habilidades para tener éxito a pesar de los obstáculos que el universo les pone en el camino.

Misión y visión principales

Saber el **QUÉ**, saber el **CÓMO** pero no saber el **PORQUÉ** causa profundos problemas para muchos, y no se dan cuenta de esto!

Sin ella, el impulso para tener éxito se mantiene al mínimo, y no logra centrar los diversos poderes y competencias del individuo en el logro de sus objetivos. Una persona sin el **PORQUE** no tiene la resistencia para ir más allá y desafiar las fuerzas contrarias que se interponen en su camino. Llegará a un sinfín de excusas para no seguir adelante! Una persona que ha encontrado su **PORQUE** hará lo que sea necesario para cumplir sus misiones en la vida!

Hay un número infinito de otras áreas en las que cualquiera puede trabajar para auto-materializarse en su llamado a la vida. En general identificar todo lo negativo y reenmarcarlo apropiadamente. Encuentra lo positivo que está pasando para que lo fortalezcas más. Trabaja en ambas simultáneamente y estarás a longitudes de distancia de las demás.

EL PODER DE LA INTELIGENCIA EMOCIONAL

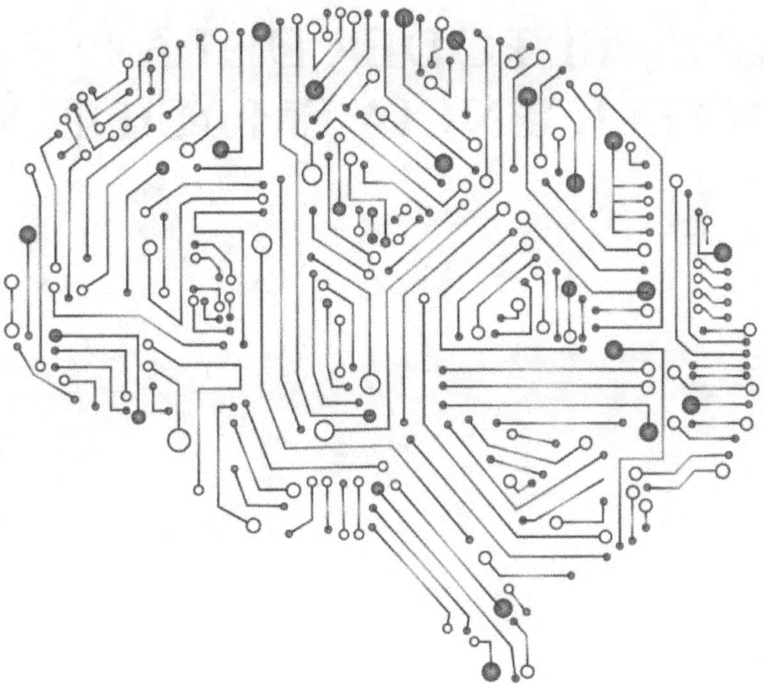

LIBRO 2

EL PODER DE LA INTELIGENCIA EMOCIONAL

Introducción a la Inteligencia Emocional

En términos generales, la Inteligencia Emocional (IE) se refiere a la capacidad de percibir, controlar y evaluar las emociones, las propias y las de otras personas.

La Inteligencia Emocional es un área de estudio relativamente nueva. Sus primeras raíces se remontan al trabajo de Darwin sobre la importancia de la expresión emocional para la supervivencia. En el siglo XX, el tema de la inteligencia se discutió principalmente en términos de aspectos cognitivos como la memoria y la resolución de problemas, aunque varios investigadores influyentes habían empezado a reconocer la importancia de los aspectos no cognitivos.

En 1920, E. L. Thorndike utilizó el término "inteligencia social" para describir la habilidad de comprender y manejar a otras personas.

El término "inteligencia emocional" se suele atribuir a la tesis doctoral de Wayne Payne de 1985, A Study of Emotion: Desarrollando la Inteligencia Emocional, pero el interés de los medios de comunicación sólo se despertó en 1995 después de un artículo de la revista Time sobre el bestseller de Daniel Goleman, Inteligencia Emocional: Por qué puede importar más que el coeficiente intelectual.

Peter Salovey y John D. Mayer han sido los principales investigadores sobre la inteligencia emocional desde entonces, y definen la inteligencia emocional como "el subconjunto de la inteligencia social que implica la capacidad de vigilar los sentimientos y las emociones propias y ajenas, de discriminar entre ellos y de utilizar esta información para guiar el pensamiento y las acciones de uno".

En la actualidad se proponen varios modelos diferentes para la definición de la inteligencia emocional, y los investigadores siguen sin estar de acuerdo en la forma en que debe utilizarse el término. Algunos piensan que la inteligencia emocional puede aprenderse y luego fortalecerse, mientras que otros afirman que es algo con lo que se nace. Este campo de estudio está creciendo tan rápidamente que los investigadores están constantemente modificando incluso sus propias definiciones.

Tres definiciones principales

- *Modelos de habilidad (IE)*
- *Modelos mixtos (IE)*
- *Modelo de rasgo (IE)*

Modelos de habilidad (IE)

Se trata de "la capacidad de percibir la emoción, integrar la emoción para facilitar el pensamiento, comprender las emociones y regular las emociones para promover el crecimiento personal".

1. Percibir las emociones es la capacidad de detectar y descifrar las emociones en los rostros, las imágenes, las voces y los artefactos culturales. Esto representa un aspecto básico de la inteligencia emocional, ya que crea la oportunidad de que se produzca todo otro procesamiento de la información emocional.

2. El uso de las emociones es la capacidad de aplicar las emociones a actividades cognitivas como el pensamiento y la resolución de problemas. Esto permite a la persona emocionalmente inteligente utilizar sus estados de ánimo para manejar mejor su vida.

3. La comprensión de las emociones es la forma en que interpretamos el lenguaje de las emociones y por lo tanto somos capaces de manejar mejor las relaciones emocionales complicadas.

4. La gestión de las emociones es la forma en que regulamos nuestras propias emociones y las de otras personas para lograr resultados óptimos.

Modelos mixtos de la (IE)

Este es el modelo introducido por Daniel Goleman que define la (IE) como una amplia gama de competencias y habilidades que impulsan el desempeño del liderazgo. Hay cuatro principios principales en esto:

1. La conciencia de sí mismo es la capacidad de entender tus emociones, reconocer su impacto y usarlas para informar decisiones.

2. La autogestión implica controlar tus emociones e impulsos y adaptarse a las circunstancias.

3. La conciencia social es la capacidad de percibir, comprender y reaccionar ante las emociones de los demás en situaciones sociales.

4. La gestión de las relaciones es la capacidad de inspirar, influir y conectar con los demás, y de gestionar los conflictos.

Modelo del rasgo (IE)

El rasgo (IE) es "una constelación de autopercepciones relacionadas con las emociones localizadas en los niveles inferiores de la personalidad". El rasgo (IE) se refiere a las propias percepciones de un individuo sobre sus capacidades emocionales, a diferencia del modelo basado en la capacidad que se refiere a las capacidades reales. Sin embargo, la evaluación de las capacidades reales ha demostrado ser muy resistente a las mediciones científicas, por lo que la realidad es que en realidad puede haber poco para elegir entre ellas.

Capítulo 1: El cerebro emocional

El cerebro emocional (EB) es la parte del cerebro humano que genera emociones. El (EB) opera subconscientemente, procesando la misma información que entra en el cerebro pensante consciente (TB). Debido a que el (EB) responde más rápidamente, podemos encontrarnos actuando antes de haber aplicado cualquier lógica a nuestras acciones. Esto se deja en manos del (TB) una vez que la acción ha pasado, y puede que no tenga ninguna respuesta que dar porque las reacciones viscerales, a pesar de su nombre equivocado, se originan en el cerebro emocional.

En los últimos años ha habido una explosión de interés en el funcionamiento emocional del cerebro, y las áreas responsables de las respuestas emocionales del cerebro se han denominado sistema límbico. El propio término indica que este tipo de estudio permanece en la periferia de la ciencia aceptada, ya que "límbico" viene de la palabra "limbo", que en latín significa "borde". Sin embargo, el término "límbico" también describe dónde se cree que residen estas zonas.

El término "sistema límbico" se utilizó por primera vez en 1952 para describir un conjunto de estructuras relacionadas con las funciones del cerebro que bordean la línea media y la superficie interna de cada hemisferio cerebral. Estas estructuras también fueron llamadas el "cerebro visceral", ya que se creía que eran antiguas partes del cerebro heredadas de mamíferos inferiores que el hombre primitivo usaba para mediar su comportamiento. Aunque este vínculo con otras especies es ahora rechazado, el concepto del sistema límbico sobrevive de forma controvertida.

Aunque no hay acuerdo sobre qué estructuras exactas componen el sistema límbico, la mayoría de los investigadores consideran que son varias partes de la corteza cerebral (la capa del cerebro a menudo llamada "materia gris" - la porción exterior del cerebro) las que están unidas a un núcleo central de estructuras que se encuentran debajo de la corteza cerebral. Estas diversas áreas subcorticales se extienden entonces hacia abajo a través del núcleo del cerebro hasta la parte superior del tronco cerebral.

También hay desacuerdo sobre qué función tiene el sistema límbico. Las primeras nociones que lo relacionaban con la emoción y la motivación se han ampliado para incluir el procesamiento de la información sensorial y cognitiva, el aprendizaje y la memoria, la función sexual en lo que se refiere a un sistema de recompensa que sirve a las reacciones emocionales, y las funciones motoras. También se sugiere que el sistema límbico se ocupa de integrar mentalmente todas las funciones que se relacionan con nuestra "experiencia" personal - lo que nos hace ser quienes somos.

La mayoría de las investigaciones modernas sobre el cerebro se centran en las funciones sensoriales y cognitivas, porque estos procesos son más susceptibles de estudio objetivo en el laboratorio. Sin embargo, está claro que el cerebro es mucho más que esto. Las metas, esperanzas, deseos y miedos que todos tenemos se originan en el cerebro, y nuestra capacidad de expresar emociones es una forma fundamental de comportamiento. Es igualmente claro que nuestro "cerebro emocional" influye en las decisiones tomadas por nuestro "cerebro pensante", y viceversa.

Con esto es la mente, la neurociencia está tomando un ávido interés en el cerebro emocional. Los estudios cubren todas las áreas, incluyendo los genes y sus productos moleculares, las propiedades fisiológicas celulares de las neuronas en los platos así como en los cerebros vivos, la farmacología de la transmisión sináptica, los procesos de comportamiento, las simulaciones por ordenador de la función cerebral, y las imágenes de sujetos normales junto con los pacientes neurológicos y psiquiátricos.

Se sabe ahora que la amígdala - parte del sistema límbico y considerada como el centro emocional de nuestro cerebro - desempeña un papel primordial en el procesamiento y la memoria de las reacciones emocionales. Las amígdalas son grupos de núcleos en forma de almendra situados en lo profundo de los lóbulos temporales medios del cerebro en vertebrados complejos, incluyendo a los humanos.

¿Por qué actuamos emocionalmente?

Los neurocientíficos han descubierto recientemente que mucho de lo que vemos y escuchamos va directamente a la amígdala sin pasar por la neocorteza donde se produce la toma de decisiones lógicas y racionales. Esto significa que a menudo sentimos y actuamos antes de pensar.

Una de las formas más fáciles de estudiar las respuestas dentro de la amígdala es con el condicionamiento de miedo de Pavlovian. Las investigaciones indican que los estímulos sensoriales durante el condicionamiento del miedo llegan a los núcleos centrales de la amígdala donde forman asociaciones con los recuerdos de los estímulos.

Cuanto más a menudo se vean afectadas las sinapsis, más rápidamente desencadenarán una respuesta, como la congelación (inmovilidad), la taquicardia (latidos rápidos del corazón), el aumento de la respiración y la liberación de la hormona del estrés.

Sólo ejercitando la inteligencia emocional podemos manejar estas respuestas de manera más racional, aunque no debemos olvidar que algunas de nuestras respuestas emocionales -como la respuesta al miedo- ocurren por muy buenas razones, e ignorarlas o amortiguarlas demasiado rápido podría llevarnos a sucumbir a una situación peligrosa.

Lo importante es diferenciar entre "actuar" emocionalmente, y "reaccionar" emocionalmente. Si tomamos la connotación obvia de la palabra "actuar", entonces esto implica que nuestra actuación emocional está muy dentro de nuestro poder de control porque es simplemente eso: un acto. Aunque el estímulo puede haber sido muy real, y la reacción a él lo suficientemente genuina, nuestra continua exhibición de emoción se perpetúa ahora falsamente ya que el cerebro pensante ha tenido amplia oportunidad de analizar la situación y factor en algún sentido de calma. Ser capaz de racionalizar nuestras reacciones emocionales y no hacer que creen un drama continuo innecesario es la esencia de la inteligencia emocional.

El simple consejo que se ofrece a menudo a los individuos que son propensos a salirse de control es que respiren profundamente antes de reaccionar. Esto tiene mucho sentido cuando se considera cómo nuestras respuestas emocionales pueden dispararse antes de que nuestra racionalidad haya tenido la oportunidad de moderar la situación.

¿Qué es el secuestro emocional?

El secuestro emocional es cuando tu cerebro emocional toma el control, subvirtiendo tus respuestas racionales. El término apareció por primera vez en la Inteligencia Emocional de Daniel Goleman "Por qué puede importar más que el coeficiente intelectual".

Las emociones extremas pueden desencadenar un secuestro emocional, como un ataque de pánico en el que la respuesta emocional pasa por alto el cerebro pensante y produce una respuesta instintiva súper rápida. Mientras esto sucede, es muy difícil, incluso imposible, pensar con claridad porque la parte del cerebro con la que piensas está inhibida.

Estas son tus amígdalas trabajando, comportándose de manera primitiva para protegerte. Están diseñadas para asegurar tu supervivencia, más que para resolver problemas en situaciones complejas. Las personas que experimentan ataques de pánico son muy conscientes de que no están actuando racionalmente, y esto causa un mayor malestar, pero hay poco que se pueda hacer para prevenir un ataque de pánico porque no es la parte racional del cerebro la que se ocupa de esta respuesta emocional.

El secuestro emocional le sucede a la gente todos los días en diferentes grados, y no tiene que manifestarse tan obviamente como un ataque de pánico o una pérdida de temperamento. Nuestra sociedad y la forma frenética en que tantos de nosotros vivimos nuestras vidas significan que a menudo "vivimos de los nervios", y por lo tanto puede estar tambaleándose en el borde de ser secuestrado emocionalmente durante horas, especialmente cuando estamos en situaciones estresantes o potencialmente agravantes que han ido mal en el pasado. En esta situación, nuestras sinapsis emocionales pueden dispararse en preparación para un ataque importante.

En el lugar de trabajo, el secuestro emocional puede causar todo tipo de problemas. Las relaciones pueden ser dañadas y la productividad detenida. La confianza en las propias habilidades puede ser socavada, o en la de nuestros colegas de trabajo.

Se puede saber cuándo se está experimentando un secuestro emocional porque se empieza a sentir agotado, frustrado, irritado, enojado, triste, temeroso o cualquier emoción que realmente no tiene cabida en un entorno de trabajo profesional. Puede suceder de forma bastante sutil, incluso cuando estás hablando con alguien que parece no estar escuchando.

Esa creciente sensación de frustración que sientes significa que ya estás siendo secuestrado por tus emociones. Puede que nunca lleve a un arrebato emocional como tal, pero si estás sintiendo alguna emoción donde sabes que no deberías estar, has sido secuestrado.

Lo que es especialmente revelador es el tiempo que te lleva posteriormente volver a un estado mental normal en el que tus actividades profesionales puedan desarrollarse sin obstáculos. Mientras tu mente siga volviendo a la causa de tu trastorno, todavía no te has liberado completamente de la emoción.

Una de las mejores formas de recuperar el equilibrio es ser consciente de lo que está pasando. La mejor manera de evitar un secuestro en primer lugar es detectar los posibles desencadenantes en el mismo momento en que aparecen. Si un colega tiene el hábito de darte cuerda hasta el punto de que te sientas secuestrado emocionalmente, tienes que aprender a condicionar tu respuesta de nuevo. Reemplazar la ira por el humor puede ayudar.

Los siguientes tres simples pasos pueden ayudar a evitar el secuestro emocional en el lugar de trabajo:

Contrólate: Respira profundamente y enfrenta tu ansiedad, enojo, frustración o cualquier otra emoción que estés sintiendo. Esto te da la oportunidad de practicar tu capacidad de respuesta emocional. Piensa en cómo prefieres que progrese la situación y asegúrate de mantenerlo como un enfoque. Intenta también comprender de dónde viene su colega, para que puedas anticipar lo peor que te pueden lanzar, y también intents comprender su punto de vista para que puedas establecer algún terreno común.

Dirige tu equipo: Asegúrate de pedir aclaraciones sobre cualquier asunto que tengas que tratar. La falta de comprensión, o estar confundido, puede causar inmensas frustraciones. Asegúrate de que todas las partes sepan cómo quieres participar y que quieres que tu aportación sea valorada. No seas tímido a la hora de hacer preguntas y desafiar las ideas y métodos a los que te opones. Esto puede causar un poco de fricción al principio, pero es preferible a que seas secuestrado emocionalmente por el arrepentimiento una vez que el momento haya pasado. El arrepentimiento o la vergüenza de no tomar las medidas adecuadas puede llevar a un secuestro emocional que puede durar días, y que incluso puede colorear negativamente la forma en que te ves a ti mismo de forma continua. Algunas personas pasan toda su vida secuestradas emocionalmente.

Consigue apoyo: si realmente sientes que estás haciendo todos los esfuerzos posibles pero que estás siendo constantemente socavado, habla con tus superiores. Saca todo a la luz. Recuerda que, por su propia naturaleza, los secuestros son eventos repentinos. Programar el momento en que el problema puede ser abordado puede ayudar a eliminar el elemento sorpresa de la situación. Tú estás tomando el control.

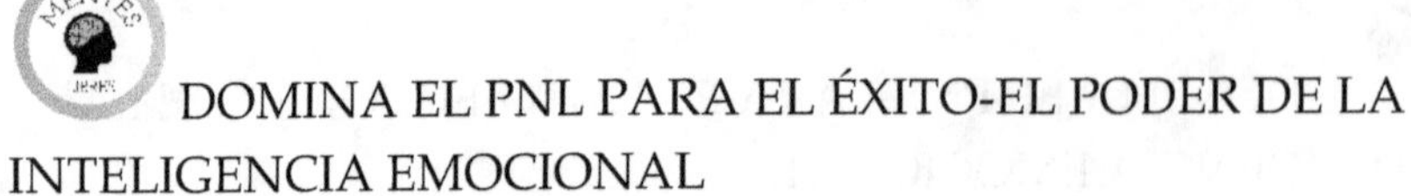

Capítulo 2: Cómo fortalecer su (IE) y aumentar su coeficiente intelectual

Al tratar este tema, tenemos que entender que el coeficiente intelectual de una persona puede verse gravemente socavado por la incapacidad de manejar sus emociones adecuadamente. En otras palabras, aquellos que carecen de inteligencia emocional también pueden encontrar que su inteligencia general se vea afectada.

En términos tradicionales, esto es el equilibrio de la cabeza y el corazón. Más exactamente, ya que sabemos que nuestra inteligencia emocional también reside en la cabeza, se trata de crear una mejor relación entre el cerebro emocional y el cerebro pensante.

Como el cerebro emocional puede secuestrar nuestros procesos de pensamiento, no hace falta dar un gran salto para darse cuenta de que nuestra inteligencia puede verse afectada negativamente por nuestras emociones. ¿Qué tan efectivo puede ser si no puede pensar claramente porque está atrapado por una cierta emoción y no puede aplicar la racionalidad a un tema? Esta es la conclusión.

En realidad, habrá individuos que son supremamente inteligentes, con el más alto de los (CI), pero que llevan vidas caóticas e insatisfechas simplemente porque son incapaces de dejar de lado sus reacciones emocionales. En algunos casos, por supuesto, hablaremos de secuestro emocional que ha llevado a problemas mentales. Estos son los arquetípicos tipos de "profesores locos" cuyos (CI) están fuera de la tabla pero que están tan apretados, y tan impulsados por sus emociones, que no pueden liberar su verdadero potencial.

También podemos ser capaces de intercambiar "inteligencia emocional" con "sentido común". El coeficiente intelectual y el sentido común no son la misma cosa. Una persona inteligente sin sentido común puede reducir rápidamente su capacidad de resolver problemas porque no tiene los medios para ver las situaciones como realmente son.

En este sentido, también se podría enumerar

"callejero" como sinónimo de inteligencia emocional, ya que esto puede proporcionar la capacidad de reaccionar más racionalmente a situaciones más extremas que podrían provocar un secuestro emocional en alguien menos "callejero".

Puede que el coeficiente intelectual ni siquiera sea el término correcto que se debe utilizar cuando se habla de la posibilidad de mejorar la inteligencia del pensamiento mediante la mejora de la inteligencia emocional.

El (CI) de una persona es una medida en un momento dado que se establece por medio de pruebas. No tiene en cuenta los caprichos que existen en el mundo real que pueden causar que ese mismo individuo de alto coeficiente intelectual falle cuando las circunstancias demuestran ser demasiado díscolas.

La verdadera mejora que puede resultar de la mejora de la inteligencia emocional es la mejora de las habilidades de resolución de problemas en el mundo real, ya que las emociones no nublarán el asunto. El fortalecimiento de la inteligencia emocional no se trata, por lo tanto, de aumentar el coeficiente intelectual, sino más bien de permitir que su actual coeficiente intelectual brille bajo más y más circunstancias de prueba.

Se trata de controlar la respuesta emocional inicial a un estímulo dado que podría hacer que el más alto (CI) efectivamente no valga la pena. Se trata de aplicar la lógica intelectual a los factores de riesgo de las reacciones emocionales excesivas antes de que ocurran.

La inteligencia emocional - como el autocontrol de los sentimientos intensos, el desarrollo de la empatía, escuchar a los demás sin miedo, juicio o desprecio - a menudo puede determinar nuestro destino mucho más que nuestro coeficiente intelectual.

También debemos ser conscientes de los profundos efectos que nuestra estabilidad emocional puede tener en la salud emocional de otras personas. Aprender a no reaccionar agresivamente hacia otra persona beneficia tanto a ti como a la otra persona. Aprenden por defecto que las emociones pueden ser controladas, y pueden inspirarse para mejorar sus propias respuestas emocionales como resultado.

Capítulo 3: Estrategias para la autoconciencia

Cómo manejarse mejor

Según el escritor griego Pausanias, "Conócete a ti mismo" fue inscrito en la entrada del Templo de Apolo en Delfos. Este dicho también ha sido atribuido a al menos seis antiguos sabios griegos, incluyendo a Sócrates.

No hay manera de manejarse mejor a menos que sepas lo que te hace funcionar. Tu salud mental y emocional depende enteramente de tu habilidad para entender por qué te comportas de la manera que lo haces, y tu poder para efectuar los cambios necesarios si tu comportamiento deja algo que desear.

Alcanzar la conciencia de uno mismo implica explorar nuestras personalidades individuales, valores, creencias, inclinaciones naturales y tendencias. Cuando tenemos una mejor comprensión de nosotros mismos, estamos facultados para hacer cambios y construir sobre nuestras fortalezas. La autoconciencia es el primer paso para establecer metas, porque ¿cómo puedes establecer metas para ti mismo si no sabes quién eres? Saber lo que quieres es imposible sin saber quién eres. Anhelar la fama y la fortuna sin evaluar si realmente tienes la personalidad para hacer frente a todas sus presiones es un camino completamente rocoso, y las pruebas sugieren que es un camino muy transitado.

La conciencia de uno mismo puede cubrir mucho terreno, pero aquí hay algunas áreas a considerar:

Estilos de aprendizaje preferidos - Se sabe que hay varios estilos de aprendizaje que se adaptan mejor a ciertos individuos que a otros. Aprender en el estilo equivocado puede obstaculizar tus logros y crear la impresión, para ti y para los demás, de que no eres inteligente. Los tres principales estilos de aprendizaje son el auditivo, el visual y el cinestésico.

Los estudiantes auditivos procesan mejor la información cuando la escuchan; los estudiantes visuales necesitan ver la información que tienen delante para que se asimile adecuadamente; y los estudiantes cenestésicos están realmente en su mejor momento cuando están físicamente involucrados en el proceso de aprendizaje, sintiendo realmente la sensación de estar en el camino a través de él.

Hay muchos otros subtipos de estilos de aprendizaje además de estos, y a menos que sepas cuál te conviene más, tu progreso puede verse obstaculizado. Esto no significa que tengas acceso al estilo correcto en todas las situaciones, pero sí significa que sabrás por qué tu concentración puede estar a la deriva y que necesitas hacer ese esfuerzo extra para concentrarte.

Aptitud para campos específicos - Esto incluye tu natural destreza académica o deportiva, para que puedas jugar con tus fortalezas y mejorar en las áreas más débiles.

Rasgos de personalidad

Necesitas saber si eres un introvertido o extrovertido natural, y si eres propenso a ser sensible o crítico. Los introvertidos que no abordan sus sentimientos pueden encontrar que son secuestrados emocionalmente cuando se sienten expuestos socialmente.

Creencias religiosas y políticas - Puedes o no interesarte por estas áreas, pero debes saber exactamente cuál es tu posición si lo haces, para poder racionalizar tus puntos de vista si se te desafía, o mantenerte callado cuando la discreción parece la mejor parte del valor. Las emociones pueden ser muy profundas en estos dos temas, y puede ser que manejarse mejor a sí mismo signifique mantenerse callado, no sea que corras el riesgo de ser secuestrado emocionalmente por la ferocidad de tus puntos de vista, y alienar a todos los que te rodean.

Valores - Esto incluiría tu ética, moral, integridad y escrúpulos. Estos apuntalarán tu carácter, y debes ser consciente de que cualquier punto de vista que tengas es percibido como contencioso si quieres evitar el conflicto. También debes aceptar que los demás no siempre verán tu punto de vista, por "correcto" que sea, y por lo tanto debes estar preparado de nuevo para luchar contra tu esquina con la razón en lugar de la pura emoción, o mantenerte callado.

Sin embargo, manejarse mejor a sí mismo es una habilidad más fundamental que simplemente enumerar tus gustos y disgustos. Dado que nuestras emociones están sujetas a fluctuaciones, incluso a diario, necesitamos desarrollar estrategias que nos permitan estar siempre a cargo de ellas lo mejor posible. Las principales áreas en las que debemos centrarnos con nuestra inteligencia emocional son:

Conciencia emocional: Esta es nuestra habilidad para identificar correctamente las emociones centrales cuando aparecen, incluyendo la ira, la tristeza, el miedo y la alegría. También es útil para detectarlas en otras personas, especialmente porque puede haber intentos de disimularlas.

Autocontrol emocional: Esta es nuestra habilidad para controlar nuestras emociones y expresarlas de manera apropiada.

Flexibilidad emocional: Esta es la capacidad de recuperarse del estrés, la pérdida y los eventos impactantes que han dañado tu equilibrio emocional.

También debes desarrollar la capacidad de usar tus emociones en la toma de decisiones, equilibrando los pensamientos y sentimientos.

Cómo tomar conciencia social

Ser socialmente consciente es saber cómo reaccionas a las situaciones sociales, y modificar tus interacciones con otras personas para lograr los mejores resultados. El resultado neto de la conciencia social es el desarrollo de habilidades sociales.

Pasos para ser socialmente consciente:

1. Aprende a identificar qué tipos de situaciones te hacen sentir incómodo, y luego modifica tu comportamiento para sacar el mejor provecho de tus circunstancias.

2. Aprende a ser consciente de los comportamientos de otras personas que pueden hacer que respondas negativamente. Como es poco probable que puedas cambiar a la otra persona, debes ser capaz de modificar tu propio comportamiento para convertir la situación en una experiencia positiva.

3. Asumir la responsabilidad de tu propio comportamiento y estar dispuesto a disculparte por errores de juicio o acciones insensibles.

4. Pide a los demás que te den una respuesta honesta sobre la forma en que interactúas con ellos. Acepta la retroalimentación negativa junto con la positiva y haz los cambios correspondientes.

5. Se consciente de tu lenguaje corporal. La comunicación no verbal es tan importante como las cosas que dices. El lenguaje corporal positivo es una ventaja en tus interacciones con otras personas.

6. Aprende a escuchar con interés genuino. Lucha contra el impulso de responder inmediatamente y escucha realmente lo que la otra persona está tratando de decir.

7. Acepta que mejorar tus habilidades sociales no es un proceso de la noche a la mañana. Intentar mejorar o cambiar demasiadas cosas a la vez será contraproducente, ya que te sentiras tan incómodo que puedes sufrir un secuestro emocional.

8. Maximiza tus rasgos de personalidad positivos y utilízalos en tu beneficio cuando interactúes con otros.

Cómo manejar sus relaciones

El manejo de tus relaciónes debe comenzar con el manejo de ti mismo. No puedes manejar los malos rasgos de otras personas muy fácilmente, así que debes presentarte tan positivamente como puedas. De esta manera, puedes encontrar que tu buen ejemplo se refleja en la otra persona.

Ya sea en el hogar o en el lugar de trabajo, las relaciones deben ser manejadas. Esto se debe a que no se puede permitir que las relaciones se estanquen. Para que funcionen bien, deben desarrollarse y crecer continuamente. Una buena relación de trabajo es una relación dinámica. Esto mantiene a todos en alerta y rindiendo al máximo. Esto significa ser proactivo, abordando los problemas de frente, buscando resoluciones y buscando áreas en las que se puedan hacer mejoras.

Cuando las personas están en relaciones bien manejadas se sienten alineadas, comprometidas, a bordo y motivadas. Saben que sus necesidades están siendo consideradas, que sus formas individuales están siendo acomodadas, y que sus contribuciones son reconocidas. Las personas quieren saber que son importantes para una organización y que su trabajo es importante para los objetivos de la organización.

La comunicación, como siempre, es clave para construir relaciones exitosas, porque donde no hay discurso, ninguna de las partes puede saber cómo se siente realmente nadie más - no hasta que los resentimientos empiecen a brotar y causen problemas. La comunicación efectiva implica hacer preguntas y escuchar las respuestas.

El humor es un gran impulso para cualquier relación y esto no tiene por qué crear una actitud frívola. De hecho, la ligereza es más probable que se desarrolle en ausencia de un humor saludable. También debes asegurarte de no pedir demasiado a la gente. Debes ser razonable. Hacer demandas poco realistas sólo va a generar resentimiento.

A otras personas les gusta sentir que están siendo tratadas justamente; eso significa que son tratadas justamente de acuerdo a su comportamiento, y en relación a cómo tratas a los demás. La consistencia es importante para crear expectativas de justicia que le quiten el peso a cualquier situación desagradable que tengas que manejar. Si todos saben que están siendo tratados de acuerdo a un conjunto de pautas que se aplican a todos, será menos probable que reaccionen emocionalmente.

Recuerden decir "por favor" y "gracias". No lleva tiempo ni esfuerzo, pero tiene un efecto significativo en la calidad de una relación, especialmente si la persona que dice estas cosas no lo necesita, estrictamente hablando, porque está en una posición de poder.

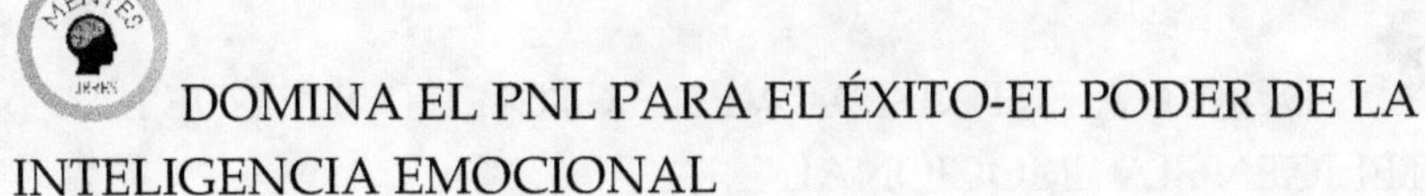

Capítulo 4: 10 Ejercicios para fortalecer el (IE) de su equipo

Los ejercicios de cualquier tipo realizados en el lugar de trabajo están llenos de peligros. Mucha gente sólo quiere venir al trabajo, hacer su trabajo y volver a casa, y sentir que su producción emocional se ha mantenido al mínimo, y ciertamente no ha sido manipulada de ninguna manera.

Los ejercicios para aumentar la inteligencia emocional implican necesariamente tratar con emociones o cuestiones emocionales, y sin duda habrá individuos que se resistan abiertamente a la idea de que esto tiene cabida en un ambiente de trabajo, y más que se sienten así pero no están dispuestos a expresar abiertamente sus sentimientos por miedo a balancear el barco. Este último resentimiento puede ser usado como un ejercicio inicial.

Si tu sientes que los ejercicios de inteligencia emocional son el camino a seguir, debes estar muy seguro de explicar todos los posibles beneficios que se pueden obtener individualmente, y como equipo. Cualquier ejercicio que siga siendo un misterio es probable que despierte resentimiento y confusión, y creará más problemas de los que puedes resolver.

Lo último que quieres es que cualquiera de tu equipo termine en una masa de angustia porque has creado en ellos el mismo ambiente interno que debías disipar.

De ello se deduce que debe haber un cierto nivel de confianza en el lugar de trabajo para que los ejercicios de inteligencia emocional sean efectivos. El tipo de equipo más necesitado de una mayor inteligencia emocional será probablemente el equipo que más se resista a su implementación.

Si deseas seguir adelante con estos ejercicios, aquí hay algunas sugerencias del tipo de ejercicio que podrías utilizar:

1. Como se mencionó, tu primer ejercicio podría ser pedirle a tu equipo que reaccione honestamente a cómo se sienten cuando se les pide que realicen tales ejercicios. Lo que tú quieres es su respuesta emocional, y luego puedes discutir lo que esto revela de sus respuestas sociales y su capacidad para manejar sus sentimientos en situaciones sociales.

2. Billetera, bolso o bolsillo - Este ejercicio se centra en ayudar a los participantes a explorar cómo se sienten contando historias sobre las posesiones personales que pueden tener con ellos. Esto proporciona la oportunidad de obtener retroalimentación sobre los patrones de comportamiento.

3. Nombrar los sentimientos - Este ejercicio ayuda a los participantes a desarrollar un vocabulario para sus sentimientos, e introduce la idea de que los sentimientos pueden ser alterados prestando atención al hecho de que existen. Se pueden discutir las respuestas emocionales a cada emoción.

4. Palabras clave - Esto puede seguir al último ejercicio de llamar la atención sobre cualquier palabra que se haya usado y que pueda haber levantado las cejas. Al entender realmente el impacto de nuestras palabras podemos disfrutar de mejores interacciones con otras personas. Esto puede proporcionar un marco de lenguaje aceptable en el lugar de trabajo.

5. Evaluar la confianza - Esto se refiere a cómo el grupo se siente acerca de la confianza en una situación de grupo e individualmente. La confianza, o la falta de ella, es un factor importante en la inteligencia emocional, y se puede discutir por qué algunas personas confían y otras no.

6. Observación - De alguna manera en los ejercicios, puedes preguntar qué es exactamente lo que los participantes piensan que han estado haciendo durante los últimos cinco minutos. La respuesta obvia es "unirse", pero lo que se busca es el verdadero alcance de su participación; qué tipo de lenguaje corporal y expresiones faciales creen que han estado demostrando que podrían haber causado un efecto positivo o negativo dentro del grupo. Esto mejora tanto la conciencia de sí mismo como la conciencia de cómo la comunicación no verbal ocurre todo el tiempo y cómo debemos controlarnos a nosotros mismos.

7. Chismes no verbales - Como continuación del ejercicio anterior, se trata de utilizar el lenguaje corporal y la expresión facial puros para difundir un rumor en el grupo. No se pueden utilizar palabras. Esto demostrará lo fácil que es leer nuestras emociones si no somos conscientes de cómo se manifiestan.

8. Fijación de objetivos - Este es un ejercicio diseñado para inspirar pensamientos positivos para el futuro, y debe implicar el uso positivo de las emociones para apuntalar sus planes. Se pide a los participantes que discutan sus objetivos y cómo podrían alcanzarse. También se debe crear conciencia de cómo el cambio debe comenzar internamente antes de que aparezca en el mundo exterior.

9. Resolución de problemas - Esto implica discutir varios problemas comunes en el lugar de trabajo y cómo pueden ser abordados. Esto podría implicar un juego de roles que demuestre la forma incorrecta de abordar la situación en primer lugar, antes de reevaluar e intentar un nuevo enfoque basado en un uso más inteligente de las emociones.

10. Invertir la negatividad - Este ejercicio trata de las reacciones emocionales instantáneas que podemos experimentar hacia ciertos individuos, y cómo podemos usar nuestra inteligencia emocional para dar un giro más positivo a los rasgos de carácter "molestos". Por ejemplo, si normalmente consideramos a un individuo como "testarudo", podemos cambiar nuestra interpretación a una más positiva, como ver su comportamiento como "comprometido". También podemos darnos cuenta al hacer esto que compartimos exactamente las mismas características, pero sólo etiquetamos las nuestras de una manera positiva.

Pensamientos finales

Hay una oración muy citada que dice así: "Dios, concédeme la serenidad para aceptar las cosas que no puedo cambiar, el coraje para cambiar las cosas que sí puedo, y la sabiduría para saber la diferencia."

No importa si no eres religioso - la sabiduría inherente a este dicho es innegable. De hecho, podría adoptarse fácilmente como el lema de la inteligencia emocional. Cubre todos los factores importantes para mejorar la inteligencia emocional: autoconciencia, autogestión, conciencia social y manejo de las relaciones.

La serenidad para aceptar las cosas que no puedo cambiar - A menos que seamos capaces de aceptar con gracia que hay un límite a la cantidad de cambio que podemos efectuar, especialmente en otras personas, nuestras emociones se verán desbordadas por nuestras frustraciones y pequeñas molestias. El secuestro emocional es el resultado neto obvio de la incapacidad de aceptar ciertos hechos inmutables.

El coraje de cambiar las cosas que puedo - Debemos agarrar la ortiga y tomar medidas donde el cambio sea posible. Esto puede no ser siempre fácil, especialmente cuando se trata de nuestros propios defectos emocionales que pueden parecer inamovibles después de demasiados años, pero aceptar situaciones insatisfactorias es sin duda un fracaso emocional. Aprender a racionalizar y controlar nuestras emociones puede ayudarnos a formular un plan de ataque que puede conducir a un cambio positivo.

La sabiduría de saber la diferencia - Esta es la clave. La inteligencia emocional debe ser alimentada por nuestra inteligencia pensante. Nuestro cerebro emocional tiene que recibir y aceptar la guía de nuestra mente racional para asegurar que las decisiones que tomamos y las reacciones que tenemos son correctas para las circunstancias dadas.

www.ingramcontent.com/pod-product-compliance
Lightning Source LLC
Chambersburg PA
CBHW061315120726
48001CB00002B/513